Angelika und Jürgen Orthaus

Stoffe bemalen mit Schablonen

Urania-Ravensburger

Alle in diesem Buch veröffentlichten Abbildungen und Modelle sind urheberrechtlich geschützt und dürfen nur mit ausdrücklicher schriftlicher Genehmigung des Verlages und der Urheber gewerblich genutzt werden.

Die Deutsche Bibliothek – CIP – Einheitsaufnahme

Stoffe bemalen mit Schablonen / Angelika und Jürgen Orthaus. – Berlin : Urania-Ravensburger, 1998
ISBN 3-332-00695-9

© 1998 Urania-Ravensburger in der Dornier Medienholding, Berlin
Alle Rechte vorbehalten
Fotos: Jürgen Orthaus
Illustrationen: Angelika Orthaus, Heinrich Zwanck
Titelgestaltung: Ekkehard Drechsel BDG
Satz: DTP – Ventura Publisher 3.0
Gesamtherstellung: Magdeburger Druckerei
Printed in Germany
01 00 99 98   4 3 2 1
ISBN 3-332-00695-9

Inhalt

Einleitung

Klare grafische Muster, phantasievolle Figuren, natürliche Formen oder exotische Motive – mit der Schablonenmalerei haben Sie viele Möglichkeiten, Ihre Bildideen auf Stoff zu verwirklichen.

Es ist ganz einfach: Sie schneiden Ihr Motiv aus Fotokarton oder durchsichtiger Folie mit einem Schneidemesser aus, legen die Schablone auf den Stoff und malen dann die ausgeschnittenen Formen aus. Auf dem Stoff erscheint so ein Abdruck Ihrer Schablone. Deshalb wird diese Technik auch „Stoffdruck mit Schablonen" genannt.

Die modernen Stoffmalfarben lassen sich gut verarbeiten. Leuchtende, kräftige Farben sind ebenso möglich wie zarte, pastellige Töne. Besonders schön wirken die Farben, wenn Sie die Farbschichten hauchdünn auftragen, so daß das Weiß des Stoffes durchschimmert. Sanfte Farbübergänge erzielen Sie, wenn Sie verschiedene Farben dünn auftupfen und ineinandermalen, wie in dem Bild auf Seite 5.

Der Reiz der Schablonenmalerei besteht vor allem darin, daß Sie die Schablonen immer wieder verwenden können. Das heißt, Sie können Ihr Motiv beliebig oft wiederholen und so sehr schöne Streumuster oder Ornamente entwickeln. Für Ihr ganz persönliches Design auf Vorhängen, Decken, Sets, Kissen, Rollos, Bettwäsche oder T-Shirts und anderen Kleidungsstücken ist die Schablonenmalerei eine ideale Technik.

5

Materialien und Techniken

Für die Schablonenmalerei benötigen Sie nur wenige Materialien: Fotokarton oder Folien und ein Schneidemesser zum Herstellen der Schablonen. Für dieses Buch wurden die Schablonen aus weißem Fotokarton gefertigt. Zum Bedrucken eignen sich weiße oder naturfarbene Stoffe besonders gut. Sie sollten aus 100% Naturfasern bestehen. Für das Malen verwenden Sie Stoffmalfarben. Sie können transparent oder deckend sein, mit Metallic- oder Perlmutteffekt. Mit deckenden Farben können Sie auch dunkle Stoffe gut bemalen.

Tupfen Sie die Farben mit einem Borsten- oder Schablonierpinsel auf den Stoff. Falls Sie mit Malbewegungen arbeiten, bewegen Sie den Pinsel immer vom Schablonenrand aus auf den Stoff, andernfalls kann Farbe unter die Schablone geraten. Nach dem Malen waschen Sie die Pinsel gut aus, trocknen sie mit einem Papiertuch ab und bringen sie wieder in Form. Die Farben müssen 24 Stunden nach dem Malen von der Rückseite des Stoffes durch Bügeln fixiert werden. Die Bügeltemperatur richtet sich nach dem verwendeten Stoff. Legen Sie ein sauberes Tuch auf Ihr Bügelbrett, damit es nicht verfärbt wird. Beachten Sie beim Fixieren die Gebrauchsanweisung der Farbenhersteller. Hier erfahren Sie auch alles über die Waschbarkeit Ihrer Stoffmalerei. Bei der ersten Wäsche sollten Sie sie unbedingt separat waschen.

Hier eine Übersicht über die verwendeten Materialien zu den vorgestellten Arbeiten. Die Farbnummern beziehen sich auf die Farben von Wacolux Textil Dekor.

Osterdecke (Seite 17)
Weißer Baumwollstoff, 65 x 65 cm + Nahtzugabe. Farben: 22 Goldgelb, 23 Orange, 24 Rot, 31 Grün, 34 Tabac. Borstenpinsel Nr. 6 und 12.

Osterkarten (Seite 21)
Weißer Baumwollstoff, 18 x 17 cm. Farben: 22 Goldgelb, 25 Bordeaux, 26 Pink, 27 Violett, 28 Blau, 29 Hellblau, 30 Türkis, 34 Tabac. Borstenpinsel Nr. 6 und 10.

Hase mit Korb und Pinseln (Seite 24)
Weißer Baumwollstoff, 30 x 34 cm. Farben: 22 Goldgelb, 25 Bordeaux, 26 Pink, 28 Blau, 30 Türkis, 32 Reseda, 34 Tabac. Borstenpinsel Nr. 4 und 12.

Hase mit Glockenblume (Seite 25)
Weißer Baumwollstoff, 20 x 22 cm. Farben: 22 Goldgelb, 24 Rot, 27 Violett, 31 Grün, 34 Tabac. Borstenpinsel Nr. 4 und 10.

Weihnachtsmann mit Tannenbaum (Seite 28)
Weißer Baumwollstoff, 27 x 29 cm. Farben: 20 Weiß, 22 Goldgelb, 24 Rot, 27 Violett, 28 Blau, 31 Grün, 34 Tabac. Borstenpinsel Nr. 4 und 12.

Weihnachtssäckchen (Seite 33)
Sackleinen, 20 x 64 cm; 80 cm bordeaurotes Satinband. Farben: 22 Goldgelb, 25 Bordeaux, 31 Grün, 32 Reseda. Borstenpinsel Nr. 6 und 10.

Pinguin (Seite 37)
Weißer Baumwollstoff, 21 x 21 cm. Farben: 22 Goldgelb, 23 Orange, 24 Rot, 30 Türkis, 28 Blau, 34 Tabac, 35 Schwarz. Borstenpinsel Nr. 6 und 12.

Kleiner Bär (Seite 37)
Weißer Baumwollstoff, 18 x 18 cm. Farben: 21 Citron, 22 Goldgelb, 24 Rot, 28 Blau, 31 Grün, 34 Tabac, 35 Schwarz. Borstenpinsel Nr. 4 und 10, Haarpinsel Nr. 3.

Grafika T-Shirt (Seite 41)
Weißes Baumwoll-T-Shirt. Farben: 22 Goldgelb, 23 Orange, 24 Rot, 25 Bordeaux, 27 Violett, 28 Blau, 30 Türkis. Borstenpinsel Nr. 6, 12 und 15.

Kissen mit Lilienblüte (Seite 44)
Weißes Baumwollkissen, 40 x 40 cm. Farben: 22 Goldgelb, 23 Orange, 25 Bordeaux, 26 Pink, 30 Türkis, 31 Grün, 32 Reseda, 34 Tabac. Borstenpinsel Nr. 12 und 16 oder runder Schablonierpinsel.

Bauernblumen (Seite 45)
Weißer Baumwollstoff. Farben: 22 Goldgelb, 26 Pink, 27 Violett, 28 Blau, 31 Grün, 32 Reseda. Borstenpinsel Nr. 6 und 12.

Obstrapport (Seite 49)
Weißer Baumwollstoff, 45 x 14 cm. Farben: 22 Goldgelb, 24 Rot, 25 Bordeaux, 27 Violett, 30 Türkis, 31 Grün, 32 Reseda. Borstenpinsel Nr. 4, 6 und 12.

Strandgutdecke (Seite 53)
Weißes Baumwollaken. Farben: 22 Goldgelb, 23 Orange, 24 Rot, 25 Bordeaux, 26 Pink, 27 Violett, 28 Blau, 30 Türkis, 34 Tabac. Borstenpinsel Nr. 12 und 15.

Eisenbahn (Seite 60)
Weißes Baumwollkissen, 40 x 40 cm. Farben: 22 Goldgelb, 24 Rot, 28 Blau, 30 Türkis, 31 Grün, 32 Reseda. Borstenpinsel Nr. 6 und 12.

Lollies (Seite 61)
Weißer Kinderbettbezug aus Baumwolle. Farben: 22 Goldgelb, 24 Rot, 25 Bordeaux, 26 Pink, 34 Tabac. Borstenpinsel Nr. 6 und 12.

Zubehör

Zum Malen legen Sie den Stoff auf altes Zeitungspapier, das Sie mit weißem Zeichenpapier abdecken, damit die Druckerschwärze nicht abfärbt. Besser ist Depafitpappe, auf der Sie den Stoff mit Stecknadeln fixieren. Depafit erhalten Sie in Geschäften für Malbedarf. Da oft Farbe durch den Stoff dringt, sollten Sie auch die Depafitpappe mit Zeichenpapier schützen.
Mit einem Bügeleisen fixieren Sie die Malerei.

Farben und Pinsel

Stoffmalfarben werden von zahlreichen Herstellern angeboten (z.B. Wacolux Textil Dekor, Deka Permanent Farbe, allcolor von prandell). Die Bilder in diesem Buch wurden mit transparenten Farben von Wacolux Textil Dekor gemalt. Dieser Hersteller bietet 16 Farbtöne in Flacons zu 12 ml und 50 ml an. Zum Auftragen der Farben verwenden Sie Borstenpinsel Nr. 12, 6 und 4 oder einen runden Schablonierpinsel.

8

Zeichenmaterial

Zum Entwerfen und Übertragen des Motivs auf weißen Fotokarton benötigen Sie weiche Bleistifte (HB, B oder 2B), Spitzer, Radiergummi, eventuell einen Knetgummi, Transparent- und Kohlepapier und Tesakrepp zum Fixieren des Transparentpapiers. Legen Sie Ihren Entwurf am besten mit Buntstiften farbig an.

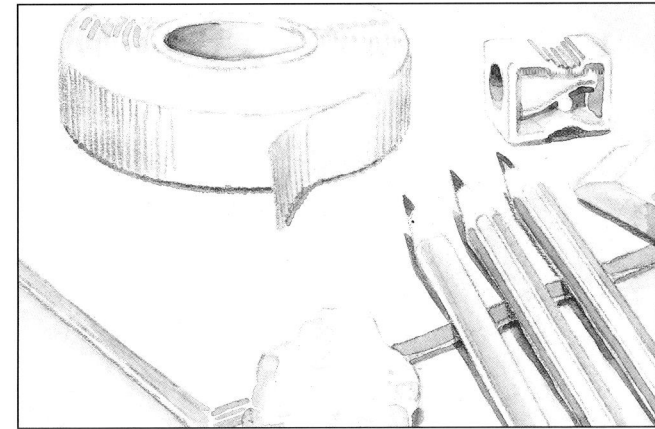

Schneidematerial

Mit einem Schneidemesser werden die Schablonen aus Fotokarton oder Folie ausgeschnitten. Filigrane Strukturen mit vielen, feinen Stegen lassen sich am besten mit einem Skalpell schneiden. Legen Sie den Fotokarton auf dicken Karton oder eine Schneidewiese, eine spezielle Unterlage aus gummiartigen Material.

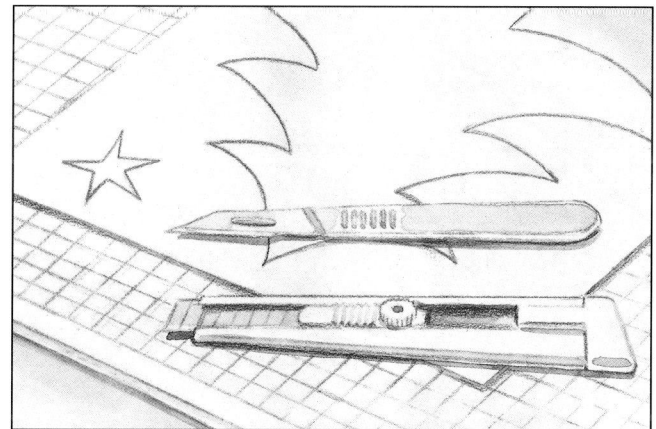

Stoff

Geeignet sind alle Stoffe, die zu 100% aus Natur fasern bestehen, wie Baumwolle, Batist, Nessel, Satin, Segeltuch, Leinen und dichtere Seiden wie Crêpe de Chine. Vor dem Bemalen muß die Appretur herausgewaschen werden. Auf weißen oder naturfarbenen Stoffen wirken transparente Stoffmalfarben am besten.

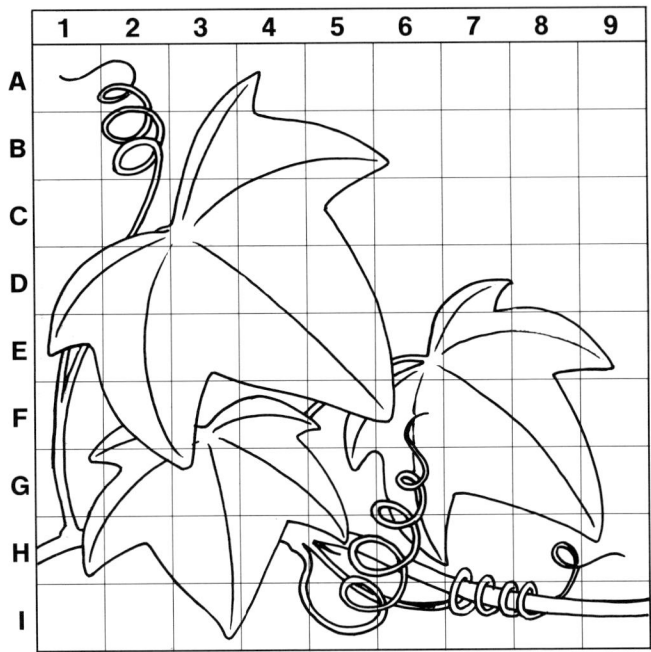

Vergrößern der Motive

Viele Schablonenvorlagen in diesem Buch sind in originaler Größe abgebildet. Die anderen Vorlagen und Motive sollten Sie vergrößern. Das läßt sich ohne große Hilfsmittel mit einem Raster machen, das Sie über die Vorlage legen und an den Seiten mit Buchstaben und Zahlen versehen.

Auf einem zweiten Blatt zeichnen Sie ein größeres Raster. Soll die Schablonenmalerei doppelt so groß wie die Vorlage werden, müssen die Abstände der Linien im zweiten Raster ebenfalls verdoppelt werden. Sie können jetzt anhand der Schnittpunkte der Vorlage mit dem ersten Raster das Motiv leicht auf das zweite Raster übertragen.

Einfacher allerdings ist das Vergrößern mit einem Vergrößerungskopierer in einem Schreibwarenladen oder einem Copy-Shop.

Denken Sie beim Vergrößern an die Fläche, auf der das Motiv später plaziert werden soll. Die meisten Motive wirken besser, wenn sie von genügend Stoff umgeben sind.

**Das Malen
mit Schablonen**

Das Schablonieren, wie man das Malen mit Schablonen auch nennt, ist nicht schwer. Hier ein paar Tips für gute Ergebnisse:
Stoffmalfarben sind mit Wasser verdünnbar. Doch wenn die Farbe zu wäßrig wird und ihre cremige Konsistenz verliert, verläuft sie beim Malen auf dem Stoff und fließt auch unter der Schablone weiter. Das heißt, es entstehen keine klaren Umrisse, sondern unschöne Ränder. Oft ist der Pinsel zu naß, so daß die Farbe zu dünn wird. Nach dem Ausspülen sollten Sie deshalb den Pinsel immer mit einem Papiertaschentuch etwas abtrocknen.
Legen Sie sich für jede Farbe einen Borstenpinsel zu. Dann müssen Sie erst nach dem Malen die Pinsel auswaschen und nicht bei jeder neuen Farbe.
Zum Mischen und Abtupfen der Farben benötigen Sie einen weißen Porzellanteller oder eine Palette, Papiertücher, Papier zum Testen der Farbtöne und zwei Wassergläser zum Auswaschen der Pinsel.
Befestigen Sie die Schablone zum Malen mit Stecknadeln auf dem gebügelten, appreturfreien Stoff. Sie darf nicht verrutschen. Schütteln Sie die Stoffmalfarbe vor dem Malen gut auf und tupfen Sie die Schablonenform mit dem Farbpinsel vorsichtig aus.
Nach dem Malen lassen Sie die Farbe etwas antrocknen, bevor Sie die Schablone vom oberen Rand her vorsichtig abheben. Die Schablonen können Sie sehr oft verwenden. Nach Gebrauch tupfen Sie sie mit einem Tuch ab, lassen sie trocknen und bewahren sie in einer Klarsichthülle auf.

Motiv übertragen

Zeichnen Sie die Vorlage auf Transparentpapier durch, wenden Sie es und ziehen Sie die Linien nochmals von der Rückseite mit einem weichen Bleistift (2B) nach. Drehen Sie das Transparentpapier wieder um, kleben Sie es mit Tesakrepp auf den Fotokarton und pausen Sie das Motiv mit einem weichen Bleistift (HB) durch.

Schablonen schneiden

Legen Sie den Fotokarton auf eine Schneidewiese oder dicken Karton und schneiden Sie mit Skalpell oder Schneidemesser alle Teile aus, die Sie bemalen wollen. Lassen Sie kleine Stege stehen für Teile, die ganz von einem Schnitt umgeben sind. Die Schablone sollte zum Feststecken auf dem Stoff einen ausreichend breiten Rand haben.

Stoff bemalen

Mit dem Pinsel nehmen Sie Farbe auf, streichen sie auf einem Papiertuch etwas ab und tupfen sie dann in die Aussparungen der Schablone auf den Stoff. Mit trockenem Pinsel und wenig Farbe können Sie auch mehrere Farben übereinander- oder ineinandertupfen. So entstehen schöne Mischungen und Übergänge.

Ostermotive

**Tischdecke
mit Küken**

Fröhliche, bunte Osterdekorationen – mit der Schablonenmalerei sind sie schnell und leicht gemacht.
Die Motive für die kleine Osterdecke (Abb. Seite 17) übertragen Sie von den Seiten 14 und 16 auf Fotokarton und schneiden für jedes Motiv eine Schablone. Von dem Küken stellen Sie zwei Schablonen her und drehen eine davon um, damit Sie die Küken spiegelbildlich gegenüberstellen können.
Stecken Sie die Decke auf Zeitungspapier, das Sie mit weißem Papier abgedeckt haben, gut fest und beginnen Sie mit den Tulpen in den Ecken und in der Mitte jeder Seite. Dazwischen malen Sie die Küken und die Ostereier. Eine schöne plastische Wirkung erzielen Sie, wenn Sie die Flächen erst gelb ausmalen, trocknen lassen und dann einen Hauch Orange stellenweise darübertupfen. Dabei muß der Pinsel recht trocken sein. Sie können auch Lichter setzen, indem Sie in der Mitte der Eier das Weiß des Stoffes leicht durchscheinen lassen.
Nach dem Trocknen malen Sie Schnäbel und Beine der Küken rot und braun aus. Da diese nicht durch Stege vom Körper getrennt sind, schneiden Sie einen weißen Streifen aus Fotokarton, den Sie als Abgrenzung zum Körper über die Schablone legen. So vermeiden Sie es, in den Körper hineinzumalen.
Nach 24 Stunden fixieren Sie die Malereien, indem Sie die Decke auf der Rückseite 5 Minuten bügeln.

Osterkarten

Gelb, Rot und Blau – auf diesen Seiten schwingen die Osterhasen ihre Pinsel und lassen herzlich grüßen. Mit den Hasen auf Seite 24 und 25 bilden sie eine Hasenfamilie, mit der Sie sich und anderen viel Freude bereiten können. Als Osterkarten, auf Servietten, Stoffnestern, Ostersäckchen oder einfach als Bild – die Hasen sorgen überall für österliche Farbtupfer.

Für die Grußkarten müssen Sie die Größe der Schablonenvorlage so verändern, daß sie in das vorgesehene Passepartout paßt. Da die Formen sehr fein sind, empfiehlt es sich, die Schablonen mit einem Skalpell zu schneiden. Falls Ihnen dabei die schmalen Stege einreißen, kleben Sie von der Rückseite Tesafilm dagegen, drehen die Schablone wieder um und schneiden überstehenden Klebefilm mit dem Skalpell vorsichtig ab.

Beim Malen tupfen Sie die großen Flächen mit einem Pinsel Nr. 10 und die kleinen mit einem Pinsel Nr. 4 oder 6 vorsichtig aus. Die Farbe darf nicht zu dick aufgetragen werden. Nach dem Antrocknen der Farben nehmen Sie die Schablone vorsichtig ab. Entfernen Sie die Farbreste mit einem Papiertuch von den Schablonenrändern, damit die Formen erhalten bleiben. Schneiden Sie für jeden Hasen eine Klappkarte mit Passepartout, ziehen Sie den Hasen mit Sprühkleber auf und klappen Sie das Passepartout darüber. Mit fröhlichen Ostergrüßen!

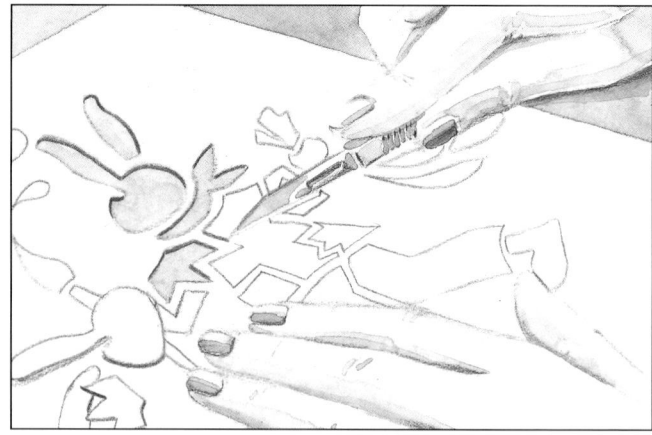

Osterhasen

Stolz präsentiert der Hase seine bunten Eier. Ostern kann kommen. Auch Sie können bei diesen lustigen Motiven in Ihren Lieblingsfarben schwelgen.

Sie können die Schablonenvorlagen direkt aus dem Buch übertragen oder nach Ihren eigenen Ideen abwandeln. Achten Sie jedoch darauf, daß die Formen nicht zu kleinteilig werden, da diese schwer zu schneiden und auszumalen sind.

Die Hasenmotive können Sie leicht verändern, indem Sie statt der Pinsel und Eier den Hasen Windmühlen, Fähnchen oder anderes Spielzeug in die Pfoten drücken. Im Kinderzimmer auf der Bettwäsche oder dem Kuschelkissen wirken sie das ganze Jahr über schön.

Weihnachtsmotive

Wenn die ersten Sternenketten in den Straßen leuchten, dann ist wieder mal die Zeit für weihnachtliche Dekorationen gekommen. Hier finden Sie viele hübsche Motive für die Gestaltung von Geschenken, Verpackungen, Grußkarten und Ihrer Wohnung.

Mit der Schablonenmalerei können Sie hübsche Minigeschenke ebenso wie große festliche Dekorationen herstellen. Wenn die Schablone einmal geschnitten ist, geht das Malen sehr schnell.

Ein Tip: Bereiten Sie mehrere Schablonen vor und machen Sie sich mit Ihren Kindern oder Freunden einen gemütlichen Adventsnachmittag mit vielen Stoffen und Farben. Das macht einen Riesenspaß, und am Ende werden Sie einige wunderschöne Malereien haben, auf die Sie wahrscheinlich allein nicht gekommen wären.

Alle Motive auf den nächsten Seiten lassen sich auf Säckchen drucken, in die Sie Geschenke verpacken können, wie z.B. auf Seite 33: kleine Säckchen für ein Schmuckstück, Säckchen für Gebäck und Mitbringsel bis zum Riesensack für große Überraschungen. Mit bunten Satinbändern geschmückt, wirken sie unter dem Tannenbaum wunderschön. Und Sie vermeiden jede Menge Verpackungsmüll. Oder bemalen Sie 24 kleine Säckchen für einen Adventskalender.

Viel Spaß wünschen Weihnachtsmann, Pinguin und der kleine Geschenkebär.

**Weihnachtsmann
mit Tannenbaum**

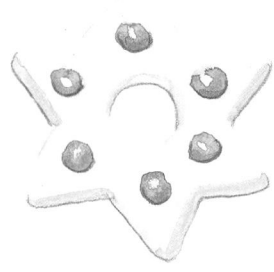

Mit diesem Weihnachtsmann läßt sich gut feiern. Die Schablonenvorlage (Seite 27) ist in Originalgröße abgebildet. Schneiden Sie die vielen kleinen Formen mit einem Skalpell vorsichtig aus Fotokarton aus. Falls Ihnen die Sterne und Kugeln im Tannenbaum zu schwierig sind, lassen Sie diese einfach weg und schneiden nur die Tannenbaumform aus.

Beim Malen achten Sie darauf, daß die Flächen gleichmäßig werden. Das steigert die grafische Wirkung des Weihnachtsmannes. Große Flächen malen Sie mit einem Pinsel Nr. 12, kleine Flächen mit einem Pinsel Nr. 4. Die Streifen in der Hose malen Sie abwechselnd blau und blaugrün. Mischen Sie dazu etwas Grün ins Blau. Für das Gesicht mischen Sie Weiß mit ganz wenig Rot an.

Nachdem Sie die Schablone entfernt haben, malen Sie mit einem feinen Haarpinsel das Gesicht. Nach 24 Stunden können Sie die Farben mit dem Bügeleisen fixieren. Wasch- und farbecht übersteht der Weihnachtsmann mit dem festlich geschmückten Tannenbaum dann garantiert das Weihnachtsfest auf Karten, Sets, Servietten, Kissen und anderen Accessoires. Er wirkt auch in Gesellschaft sehr gut, z.B. mit seinem Kollegen von Seite 35. Ziehen Sie jeden Weihnachtsmann in einer anderen Farbe an, beispielsweise gelbgrün gestreift oder in Pink und Rot, dann ist die lustige Weihnachtsparty so gut wie sicher.

**Kleiner Bär
mit Paketen**

Frohes Fest wünscht der kleine Bär und balanciert mit seinen Geschenkpaketen auf Weihnachtskarten, Tischbändern, Sets – wo Sie wollen. Falls Sie den Bären auf gekaufte Tischwäsche malen möchten, achten Sie darauf, daß diese aus 100% Naturfasern, also aus Leinen oder Baumwolle besteht, und waschen Sie die Appretur vor dem Malen heraus. Die Schablonenvorlage ist in Originalgröße abgebildet. Sie können den Bären auch gut mit anderen Weihnachtsmotiven aus diesem Buch kombinieren, z.B. mit dem Ilex und den Sternen auf der nächsten Seite. Daraus läßt sich eine schöne Tischumrandung entwickeln, die Sie nirgends kaufen können.

Ilex mit Sternen

Der Ilex ist leicht stilisiert, so daß er sich für viele Weihnachtsdekorationen verwenden läßt. Er wirkt auch sehr gut, wenn Sie ihn stark vergrößern, z.B. für die Mitte einer Weihnachtsdecke, und einen Rand mit Sternen drum herum malen.

In Originalgröße ist er auf das Geschenksäckchen auf Seite 33 gemalt. Mit ein paar Tannenzweigen, einem Stern und Satinband verziert, wird daraus ein sehr persönliches Geschenk, mit dem Sie bestimmt viel Freude machen. Sie können die einzelnen Blätter, Früchte und Sterne auch einzeln ausschneiden und immer wieder neu anordnen. So ergeben sich zahllose Variationsmöglichkeiten.

Weihnachtssäckchen

Mit diesem Geschenksäckchen können Sie Ihre Familie und Freunde schon zum Nikolaustag überraschen. Es ist einfach genäht: den Stoff aufeinanderlegen und die Seitenteile schließen. Oben einen Umschlag von 7 cm umnähen und einen 1 cm breiten Tunnel für das Satinband absteppen.

Übertragen Sie das Motiv von der Schablonenvorlage auf Seite 31 auf Fotokarton und schneiden Sie es aus. Vor dem Malen schieben Sie Zeitungspapier in das Säckchen, damit die Farbe nicht durchfärbt. Dann legen Sie die Schablone auf den Stoff und stecken sie fest. Achten Sie darauf, daß das Motiv schön auf dem Säckchen plaziert wird. Es darf nicht zu hoch sitzen, da sich der Stoff oben beim Zubinden stark zusammenzieht und dadurch das Format verkleinert. Binden Sie deshalb das Säckchen einmal probeweise zu.

Tupfen Sie die Motivteile mit den jeweiligen Farben gleichmäßig aus, lassen alles etwas antrocknen und heben dann vorsichtig die Schablone ab. Nach dem Trocknen (etwa 24 Stunden) fixieren Sie die Farben, indem Sie das Säckchen umkrempeln und von der Rückseite her bügeln. Zum Zubinden öffnen Sie die Seitennaht an einer Seite des Tunnels und ziehen mit einer Sicherheitsnadel ein bordeauxrotes Satinband ein. Nun brauchen Sie das Säckchen nur noch mit einer hübschen Kleinigkeit zu füllen, und die Weihnachtsüberraschung ist perfekt.

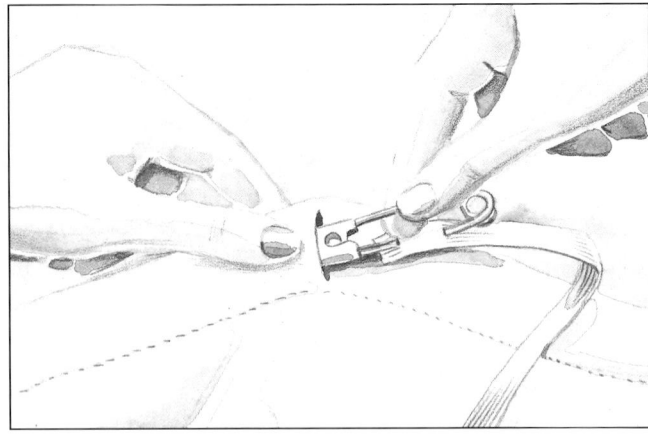

Schablonenvorlagen

Weihnachtsmänner

Die beiden Weihnachts-
männer finden Sie in
diesem Buch nicht als
fertige Malerei, sondern
nur als Schablonen-
vorlage. Bunt ausgemalt,
können sie sich wirklich
sehen lassen. Der Weih-
nachtsmann auf dieser
Seite paßt gut zum Pin-
guin, der Weihnachts-
mann mit dem Sack trifft
sich gern mit seinem
Kollegen von Seite 29 –
auf allen möglichen Deko-
rationen.

Pinguin

Dieser fröhliche Pinguin
kommt auf Seite 37 ganz
groß raus. Ein schönes
Motiv für den Fall, daß Ihr
Geschenk etwas verspä-
tet kommt – dem eiligen
Pinguin verzeiht man dies
bestimmt sehr gern.
Malen Sie ihn in kräftigen
Farben, sie passen gut
zu seinem schwarzen
Körper. In der Hose und
am Mützenrand sind die
Farben ineinandergemalt.

34

Kleiner Bär mit Paketen

Vorlage übertragen

Übertragen Sie den kleinen Bären von der Schablonenvorlage auf Seite 30 auf Transparentpapier. Mit Kohlepapier zeichnen Sie die Konturen auf weißen Fotokarton durch. Fixieren Sie beide Papiere beim Übertragen mit Tesakrepp auf dem Fotokarton. Die Vorlage ist originalgroß.

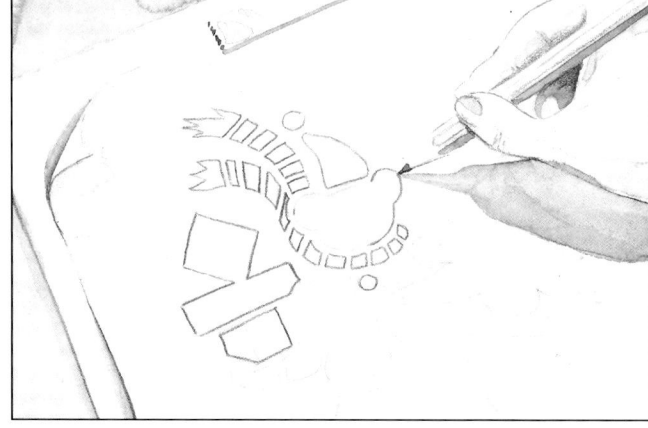

Schablone schneiden

Schneiden Sie die Teile, die Sie bemalen wollen, mit einem Skalpell aus. Arbeiten Sie sehr behutsam, damit die schmalen Stege nicht einreißen. Falls Ihnen die vielen kleinen Teile im Schal zu kompliziert sind, schneiden Sie den Schal als Ganzes aus und bemalen Sie ihn später einfarbig.

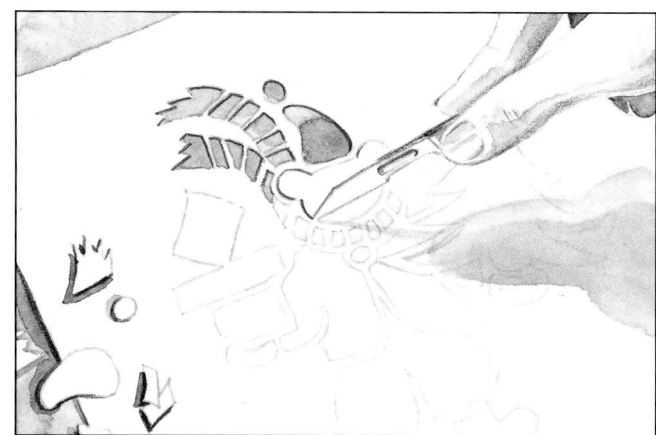

Motiv malen

Legen Sie den Stoff auf eine saugfähige Unterlage und decken Sie diese mit weißem Zeichenpapier ab. Mit Stecknadeln heften Sie die Schablone auf den Stoff. Tupfen Sie mit einem Borstenpinsel die Ausschnitte aus. Nach dem Trocknen der Farben malen Sie mit einem feinen Haarpinsel das Gesicht und auf die Pakete schöne Muster.

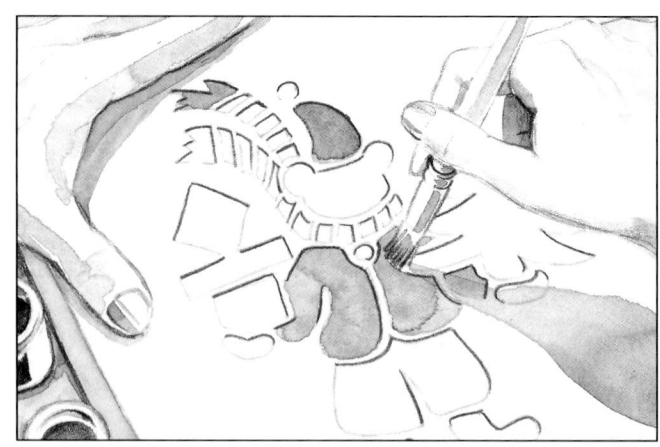

Grafische Motive

Auch mit einfachen grafischen Formen wie Sternen, Spiralen, Punkten, Zacken- und Wellenlinien lassen sich starke Effekte erzielen. Sie können sie rhythmisch anordnen oder als Streumuster auf den Stoff malen, wie auf dem T-Shirt auf Seite 41.

Die Schablonenvorlagen der grafischen Motive auf Seite 38 sind nicht in Originalgröße abgebildet. Sie sollten vergrößert werden.

Schöne Wirkungen ergeben sich, wenn Sie einzelne Motive mehrmals wiederholen und in Größe und Farbe variieren. Schneiden Sie daher von jedem Motiv eine kleine, eine mittlere und eine große Schablone. So erhalten Sie zahlreiche Spielmöglichkeiten. Beziehen Sie den Stoff in die Gestaltung mit ein. Die weiße Fläche zwischen den Motiven verbindet optisch die verschiedenen Formen. Setzen Sie daher die Motive nicht zu eng aneinander. Der leichte, spielerische Eindruck der Malereien auf dem T-Shirt entsteht dadurch, daß die Motive locker von einer Schulter her über die Fläche gestreut sind.

Mit grafischen Motiven können Sie nicht nur auf Ihrer Kleidung modische Akzente setzen. Sie eignen sich auch gut zur Gestaltung Ihrer Wohnung – auf Rollos, Vorhängen, Kissen und Decken. Die gezeigten Motive sollen nur eine Anregung sein. Lassen Sie Ihrer Phantasie freien Lauf und erfinden Sie eigene Muster. Je einfacher, desto besser ist meist das Ergebnis.

Grafika T-Shirt

Mit ein bißchen Phantasie wird aus einem einfachen T-Shirt ein attraktives Modeteil. Vergrößern Sie die Vorlagen von Seite 38 und schneiden Sie die Schablonen. Legen Sie etwas Zeitungs- oder Zeichenpapier in das T-Shirt, damit die Farbe nicht durchschlägt. Bevor Sie mit dem Malen beginnen, überlegen Sie, wie Sie die Motive anordnen wollen. Bilden Sie rhythmische Strukturen, wie z.B. durch die parallel verlaufenden Schlangenlinien, und setzen Sie Kontraste. Die übrigen Formen gruppieren Sie um diese Struktur herum. Dabei können Sie mit leuchtenden Farben kräftige Akzente setzen.

Blüten und Früchte

Blütenträume für Garten, Balkon und Wohnung finden
Sie auf den folgenden Seiten. Das Kissen mit der
stilisierten Lilienblüte wirkt auf weißen Gartenmöbeln
besonders schön. Sommerliche Atmosphäre verbrei-
ten auch die Blumen aus dem Bauerngarten und die
farbenprächtigen Früchte.

**Kissen
mit Lilienblüte**

Das Motiv ist sehr einfach gestaltet.Vergrößern Sie die Vorlage auf die Größe Ihres Kissens und schneiden Sie aus weißem Fotokarton das Motiv aus. Vor dem Malen legen Sie Zeitungspapier oder Fotokarton in das Kissen, damit die Farbe nicht durchfärbt. Stecken Sie die Schablone auf dem Kissen gut fest. Die Farben werden zum größten Teil über- und ineinandergemalt. Falls Ihnen das zu kompliziert erscheint, können Sie die Lilienblüte aber auch ganz plakativ ohne changierende Effekte anlegen. Die Blütenblätter wirken recht dominierend, daher sollten Sie bei der Farbgebung auf die Farben in Ihrer Wohnung achten.

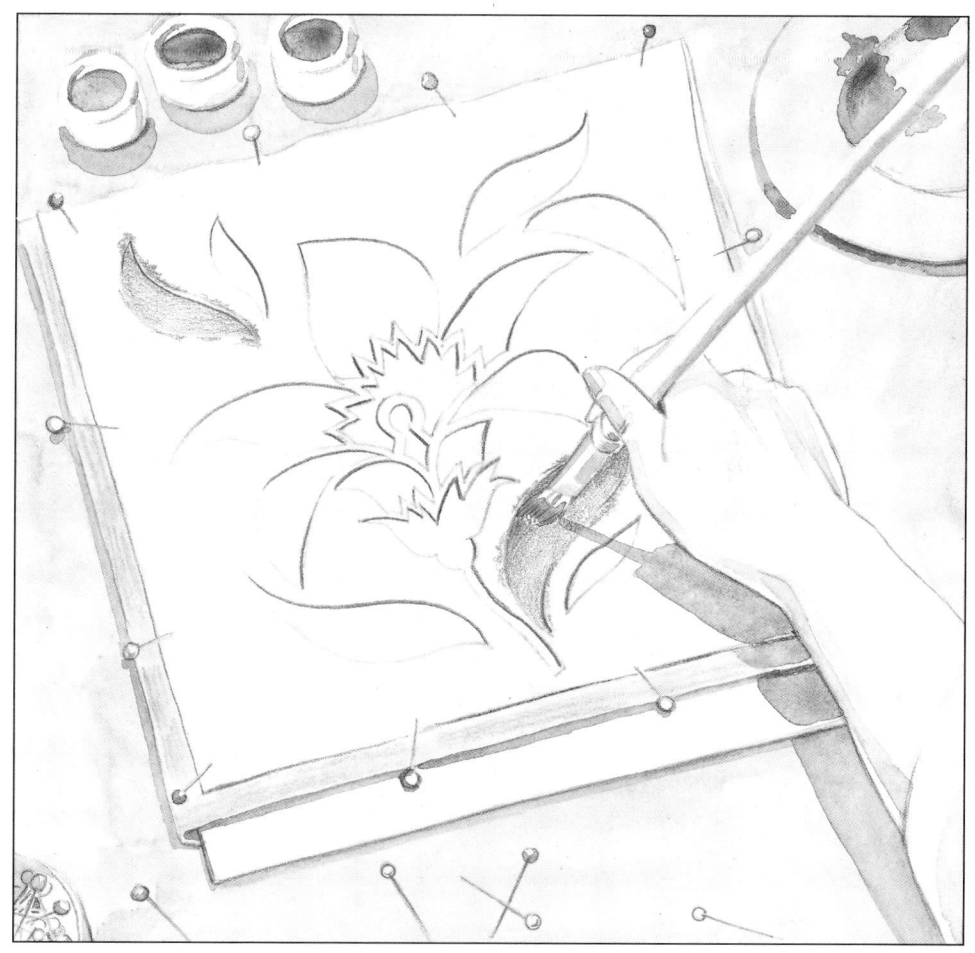

44

Bauernblumen

Der bunte Strauß, wie frisch gepflückt von einer Sommerwiese, wirkt nicht nur gut auf Gartenmöbeln, sondern beispielsweise auch auf Geschirrtüchern. Das rustikale Motiv im Landhausstil ist wegen seiner einfachen Formen gut für Anfänger geeignet. Die klaren, vorwiegend flächig angelegten Formen der Vorlage sind leicht zu schneiden und gut zu malen. Den Blauton der Glockenblumen mischen Sie aus Blau und Violett. Das Motiv kann sehr unterschiedlich wirken. Mit kräftigen Farben erzeugen sie einen plakativen, grafischen Akzent. Tupfen Sie die Töne dagegen nur zart auf den Stoff, entsteht ein malerischer Eindruck.

Obstrapport

Die Früchte des Sommers leuchten in kräftigen, satten Farben. Der bunte Obstrapport läßt sich vielseitig einsetzen – als Tischdekoration, auf einem Küchenhandtuch oder ganz einfach als Bild gerahmt.
Die Schablonenvorlage ist in zwei Teilen originalgroß auf den Seiten 50 und 51 abgebildet. Sie müssen die beiden Teile nur aneinandersetzen.
Der Früchterapport gehört zu den schwierigeren Motiven. Sie sollten schon etwas Übung haben, bevor Sie sich mit dem Skalpell ans Ausschneiden der vielen kleinen Formen wagen. Doch dann ist das Schwerste geschafft. Das Ausmalen der Formen ist etwas leichter. Heften Sie dafür die lange Schablone so auf dem Stoff fest, daß sich nichts verziehen kann.
Der Apfel wird in zwei Farbschichten angelegt: Die erste Schicht tupfen Sie gelb, dann schattieren Sie vom Rand der Form her einige rote Effekte auf den Apfel, so daß dieser richtig reif und rund wirkt. Auf dem Bild nebenan sehen Sie, daß Sie mit dieser Technik dem Aussehen echter Früchte recht nahe kommen können, auch wenn die Schablonen stilisiert sind. Die Stiele, Ranken und Blätter werden in Türkis, Grün und Reseda ausgetupft.
Farben antrocknen lassen, dann erst die Schablone abheben. Nach 24 Stunden können Sie mit dem Bügeleisen fixieren. Dann sind Ihre Früchte waschbar. Haben Sie Appetit auf mehr bekommen?

51

Strandgut

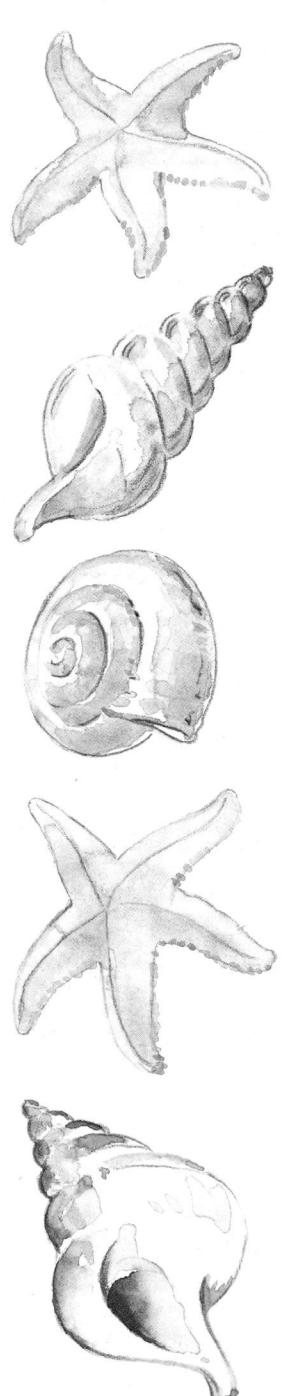

Geheimnisvoll schimmert das Perlmutt der Muscheln im Sand, dort, wo die Wellen sie hingetragen haben. Gesammelte Ferienerinnerungen finden Sie auf diesen Seiten: einen Seestern von der Nordsee, die Jakobsmuschel aus der Bretagne, ein besonders schönes Schneckenhäuschen aus Korsika und eine lange Schwertmuschel vom Langeooger Strand. Die Vorlagen auf den folgenden Seiten sind nicht in Originalgröße abgebildet. Sie müssen sie etwas vergrößern. Wie Sie das machen, lesen Sie auf Seite 10. Um Ihre Entwürfe interessant gestalten zu können, fertigen Sie am besten einige Schablonen in unterschiedlichen Größen an. Damit haben Sie viele Variationsmöglichkeiten.

Überlegen Sie genau, wie Sie Ihr Strandgut anordnen wollen. Als Reihung oder so, als wäre alles wie zufällig angespült worden. Auch einzeln wirken die Muscheln schön. Sie können z.B. zu einer großen Decke mit vielen Strandmotiven einzelne Muscheln auf Kissen malen. Dann paßt alles zusammen. Oder Sie bemalen breite Bänder mit Strandgutstücken, die sie als Bordüren z.B. auf Ihre Badetücher steppen.

Mit den Muscheln können Sie in Ihrer Wohnung zarte und kräftige Farbakzente setzen. In sanften, meergebleichten Farben oder stark leuchtenden Tönen. Wie Sie auf der Stranddecke rechts sehen können, wirken die Muscheln in allen Farben wunderschön.

Stranddecke

Platz nehmen und von den Ferien träumen, dazu ist diese Decke wie gemacht. Besonders, wenn sie so kuschelig daliegt wie auf unserem Bild (Seite 53).

So große Stoffteile wie diese Decke breiten Sie zum Bemalen glatt auf dem Boden aus und schieben unter den Teil, an dem Sie gerade arbeiten, einen weißen Fotokarton. Legen Sie alles zum Malen bereit, auch einige Schreibmaschinenblätter, auf denen Sie die Schablonen ablegen können. So werden sie nicht verschmutzt und der Boden bleibt sauber.

Am besten beginnen Sie in einer Ecke mit einem Motiv und arbeiten sich von da aus um die Decke herum. Den untergelegten Fotokarton nehmen Sie dorthin mit, wo Sie gerade malen. Stecken Sie die Schablonen immer gut fest, damit sie nicht verrutschen und die Farben nicht verschmieren. Warten Sie deshalb auch mit dem Abheben der Schablonen, bis die Farben angetrocknet sind.

Die plastischen Formen der Muscheln können Sie durch Schattierungen hervorheben. Das heißt, Sie malen die Motive nicht gleichmäßig aus, sondern tupfen in der Mitte oder dort, wo Lichter stehenbleiben sollen, nur wenig Farbe mit trockenem Pinsel auf und legen zu den Rändern hin zwei bis drei Farbschichten übereinander. Probieren Sie die Wirkung vorher auf einem Stoffrest aus. Nach 24 Stunden können Sie die Farben mit einem Bügeleisen fixieren.

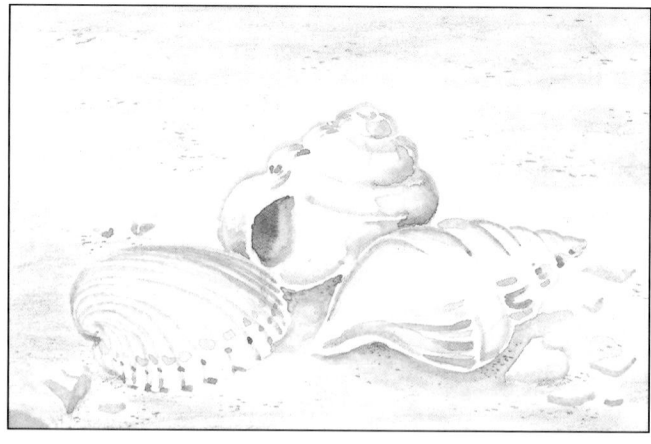

Kindermotive

Da springt der kleine Clown vor Freude in die Höhe.
Die Kindermotive – viele süße Sachen und eine Eisenbahn – machen großen Spaß, besonders, wenn Sie
mit Kindern gemeinsam malen. Die Motive sind deshalb ziemlich einfach gehalten.
Schon kleine Kinder gehen mit den Schablonen ganz
selbstverständlich und spielerisch um. Sie entwickeln
dabei viel Phantasie und schöne Rhythmen und Rei-
hungen. Die Schablonen sollten Sie jedoch vorbereiten,
damit beim Schneiden kein Unglück passiert. Dann
können Sie mit Ihren Kindern gemeinsam das Kinderzimmer gestalten und Rollos, Vorhänge, Kissen,
einen Betthimmel oder eine Decke bemalen.
Wichtig ist, den Kindern den Gebrauch von Pinsel
und Farben zu zeigen: das heißt, die Farbe nicht zu
verstreichen, sondern vorsichtig auf den Stoff zu tupfen
und den Pinsel nach jeder Farbe gut auszuwaschen.
Kleine Kinder malen gern mit einem Pinsel in vielen
verschiedenen Farben herum, so daß diese schnell
unansehnlich werden. Besonders dann, wenn sie mit
einem Pinsel voll dunkler Farbe in helle Farbtöne geraten, werden die Farben unbrauchbar. Probieren Sie
deshalb die Kindermalaktion erst mal mit kleinen Farb-
töpfchen und auf Stoffresten aus, bevor Sie sich an
die guten Stücke wagen.
Auch größere Kinder werden gern ihre Lieblingsmotive
mit Schablonen auf T-Shirts malen.

Eisenbahn

Die kleine Eisenbahn fährt über Kissen, Decken, Vorhänge, wohin die Kinder möchten. Die Vorlage ist in Originalgröße abgebildet. Für das Kissen auf Seite 60 (40 x 40 cm) ist sie genau richtig. Dort sehen Sie, wie bunt eine Eisenbahn sein kann.

Es empfiehlt sich, für die Lokomotive und jeden Wagen je eine eigene Schablone zu schneiden. Dann können Sie die Eisenbahn besser variieren. Sie können natürlich noch einige weitere Güter- oder Personenwagen hinzuerfinden.

In das Kissen schieben Sie altes Zeitungspapier, damit die Farbe nicht die Rückseite durchdringt. Dann heften Sie die Schablonen auf dem Kissen mit Stecknadeln fest. Große Motivteile tupfen Sie mit einem Pinsel Nr. 12, kleine Formen mit einem Pinsel Nr. 4 oder 6 vorsichtig aus. Die Farben sind zum Teil über- und ineinandergemalt.

Richtig spielen können die Kinder mit der Eisenbahn, wenn Sie die Motive so vergrößern (siehe Seite 10), daß die Lok und jeder Wagen das Format eines Kissens füllt und Sie so mehrere Kissen mit je einem Teil bemalen können.

Lollies

Hineinkuscheln und sich wegträumen ins Schlaraffen-
land, das geht in dem Bettchen auf Seite 61 besonders gut. Vergrößern Sie die Schablonenvorlagen
(Seite 62/63) auf die gewünschten Größen und
schneiden Sie die Formen aus weißem Fotokarton
aus. Stecken Sie einen Fotokarton in den Bezug,
damit die Farbe nicht die andere Seite mitfärbt. Dann
können Sie und die Kinder mit Pinsel und Farbe so
richtig loslegen.
Die Lollies passen auch gut zu anderen grafischen
Formen. So wurden sie auf dem Bettbezug mit der
Wellenlinie und der Sternenkrone von Seite 38 kombi-
niert. Sie lassen sich recht großflächig über den
ganzen Bezug streuen. Je enger die Motive zusam-
menliegen, um so stärker wird der Mustereffekt. Die
Farben werden teilweise in zwei Lagen übereinander
aufgetragen. Beispielsweise wird über eine dünne
gelbe Schicht eine feine rote Schicht getupft. Wenn
diese dabei zu den Rändern des Motivs hin immer
dunkler wird, entsteht wie bei den Bonbons ein plasti-
scher Eindruck. Die Lollies wirken aber auch in Knall-
farben. Kinder finden das meist ganz toll.